Meine ersten Wörter

Zahlen – numbers

Zuerst solltest du die Zahlen von 0 bis 10 lernen.

zero   one   two   three

four   five   six   seven

eight   nine   ten

Ein Reim hilft dir dabei, die Zahlen zu lernen:

1, 2, 3, 4, 5,
once I caught a fish alive,
6, 7, 8, 9, 10,
then I let it go again.
Why did you let it go?
Because it bit my finger so.
Which finger did it bite?
This little finger on my right.

Wenn du die Zahlen von 0 bis 10 kennst,
kannst du die Zahlen von 11 bis 20 lernen.

eleven   twelve   thirteen   fourteen   fifteen

sixteen   seventeen   eighteen   nineteen   twenty

Verbinde die Zahlen mit dem richtigen Wort.

sixteen	**10**
one	**5**
eight	**3**
five	**16**
ten	**11**
three	**8**
eleven	**1**

Schreibe das englische Wort mehrmals hinter
das deutsche Wort.

1 zwei   two   two

2 sechs

3 neun

4 sieben

5 vier

6 null

7 zwölf

8 zwanzig

✏️ Rechne auf Englisch.

ten   —   five   = _____

two   +   fifteen   = _____

seven   +   six   = _____

thirteen   —   nine   = _____

twenty   —   ten   = _____

eight   +   zero   = _____

eleven   +   eight   = _____

one   +   sixteen   = _____

fourteen   +   one   = _____

three   +   two   = _____

twelve   —   eleven   = _____

five   +   five   = _____

Verbinde die Aufgaben mit dem richtigen
Ergebnis.

7 + 2 =

9 + 2 =

18 − 4 =

1 + 8 =

2 + 2 =

10 + 4 =

4 + 16 =

8 − 8 =

20 − 6 =

7 + 1 =

13 − 5 =

18 − 14 =

twenty

nine

fourteen

zero

four

eleven

eight

Farben - colours

red

blue

pink

green

purple

orange

brown

grey

black

yellow

white

Formen - shapes

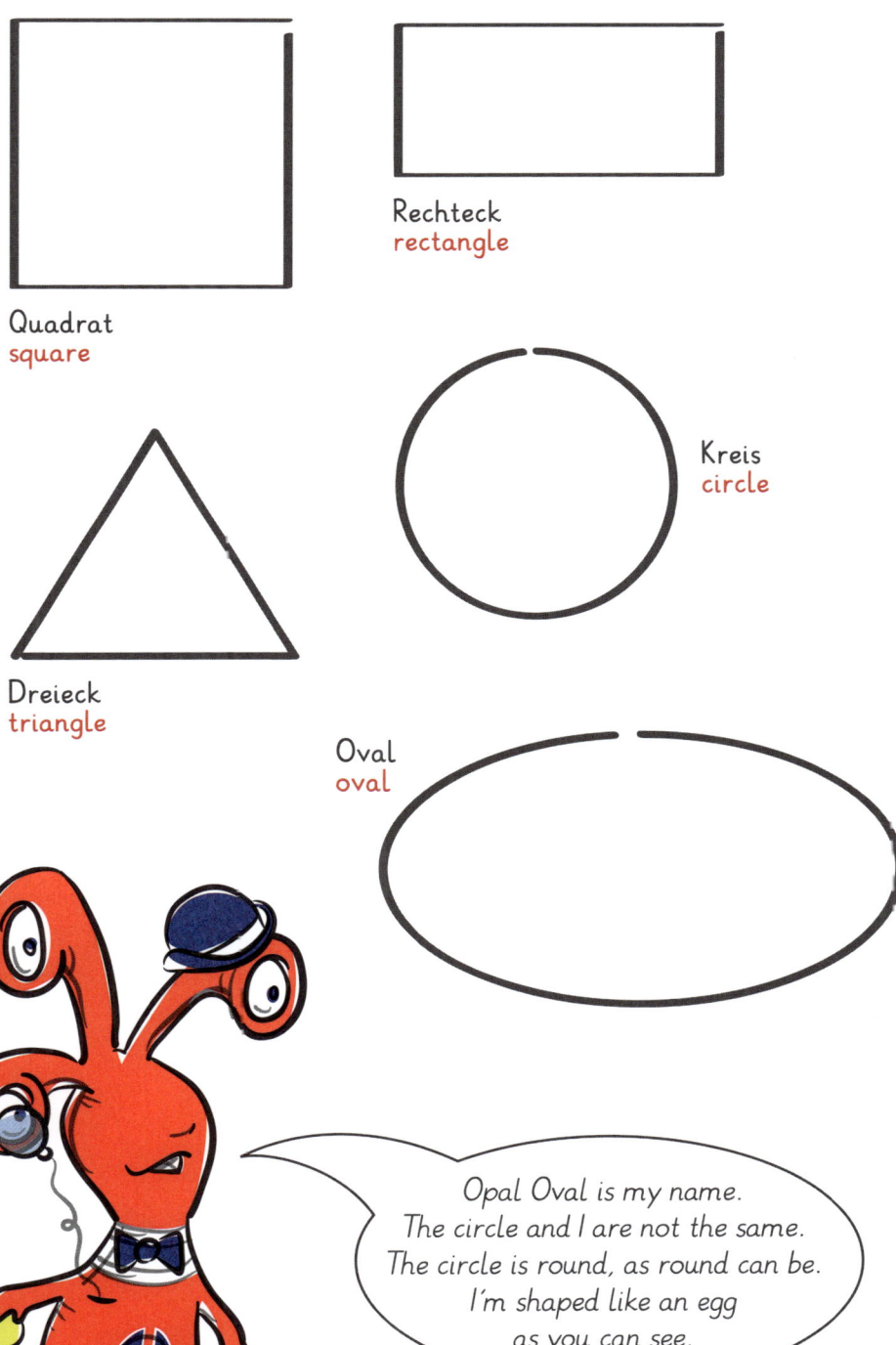

Quadrat
square

Rechteck
rectangle

Dreieck
triangle

Kreis
circle

Oval
oval

Opal Oval is my name.
The circle and I are not the same.
The circle is round, as round can be.
I'm shaped like an egg
as you can see.

9

Verbinde die richtige Farbe und Form mit den bunten Formen.

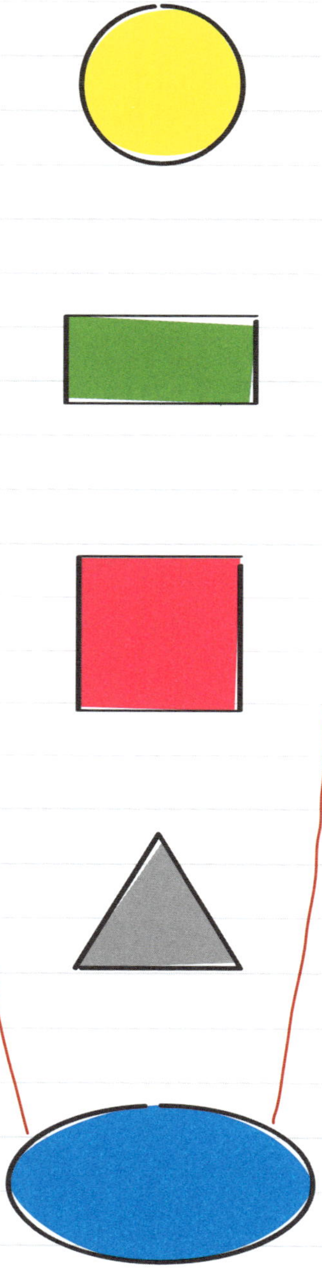

blue

square

pink

oval

yellow

rectangle

green

circle

grey

triangle

Male so viele Formen in der richtigen Farbe
wie vorgegeben.

three orange circles

six purple squares

eight black rectangles

five red triangles

Male den Schmetterling in den richtigen Farben aus.

six · seven · 2 · 6 · 1 · 8 · eight · four · 5 · three · 4 · five · one · 7 · six · 4 · two · 3

1 = blue | 2 = green | 3 = yellow | 4 = orange
5 = red | 6 = purple | 7 = pink | 8 = white

Ergänze die Reihenfolge mit der richtigen
Farbe, Zahl oder Form.

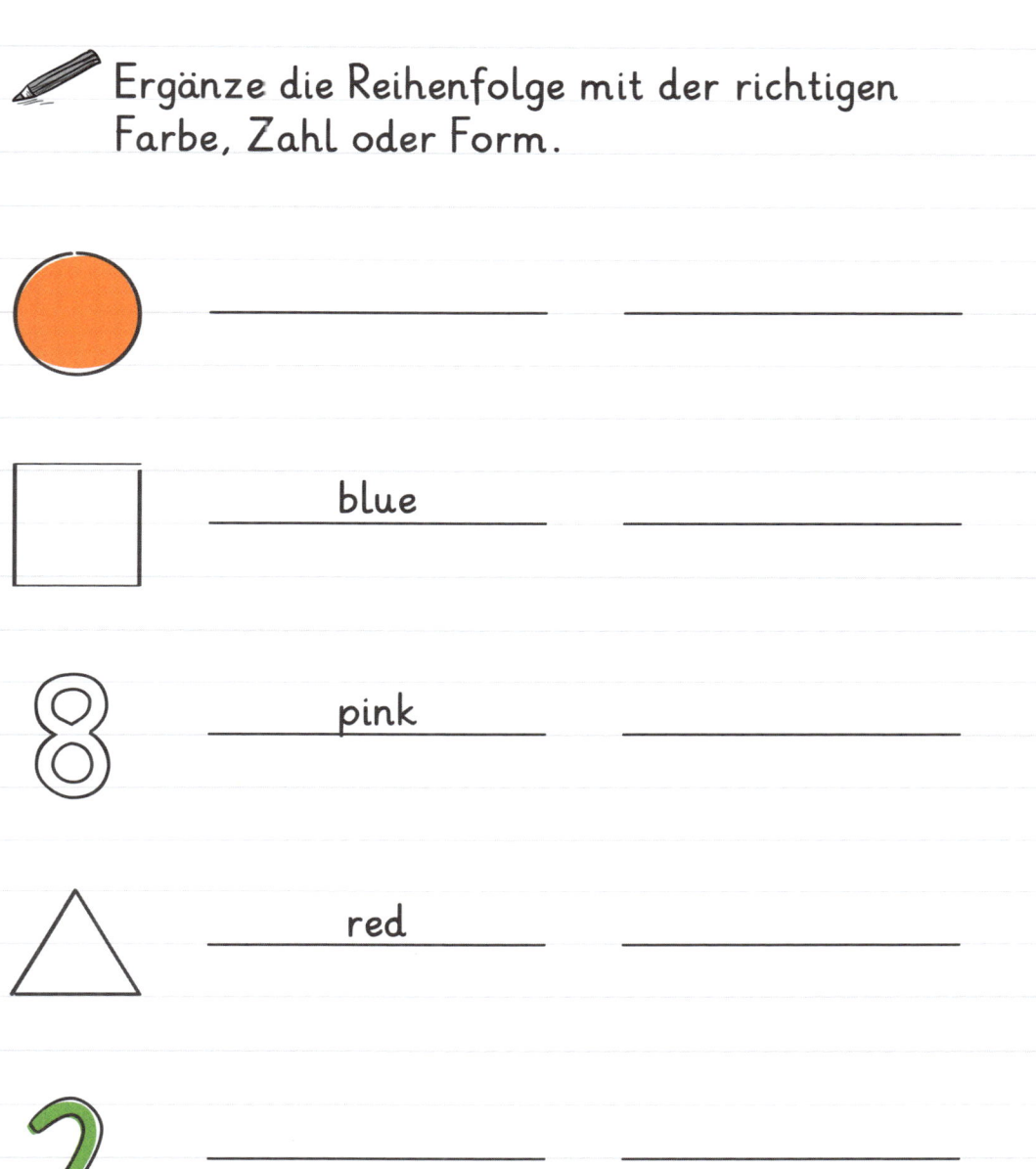

_____   _____

_____blue_____   _____

_____pink_____   _____

_____red_____   _____

_____   _____

_____black_____   _____

Jahreszeiten – seasons

Frühling spring

Sommer

summer

Herbst

autumn

Winter winter

Monate – months

Januar	–	January
Februar	–	February
März	–	March
April	–	April
Mai	–	May
Juni	–	June
Juli	–	July
August	–	August
September	–	September
Oktober	–	October
November	–	November
Dezember	–	December

Verbinde die Monate mit der richtigen Jahreszeit.

March

May

spring

January

November

summer

June

February

December

July

autumn

September

October

winter

August

April

 Ordne die Monate nach der richtigen
Reihenfolge und schreibe sie auf.

June | October | August | September
May | February | March | July
November | December | April | January

Tage – days

Montag	–	Monday
Dienstag	–	Tuesday
Mittwoch	–	Wednesday
Donnerstag	–	Thursday
Freitag	–	Friday
Samstag	–	Saturday
Sonntag	–	Sunday

Tageszeiten – times of day

Morgen
morning

Mittag
noon

Nachmittag
afternoon

Abend
evening

Nacht
night

 Schreibe den jeweiligen Tag vor und nach dem angegebenen Tag auf.

	Wednesday	
	Saturday	
	Monday	

 Rechne aus und schreibe den richtigen Tag auf.

Friday + 2 days   = _____

Monday + 3 days   = _____

Wednesday + 1 day   = _____

Saturday + 4 days   = _____

Thursday + 5 days   = _____

 Verbinde die Tageszeit mit der richtigen Tätigkeit.

noon

night

afternoon

morning

evening

Wetter – weather

sonnig – sunny

windig – windy

wolkig – cloudy

warm – warm

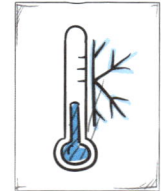

kalt – cold

regnerisch – rainy

schneebedeckt – snowy

neblig – foggy

Rain, rain go away,
come again another day.
Little Johnny wants to play,
rain, rain go away.

Lösungen

Seite 4:

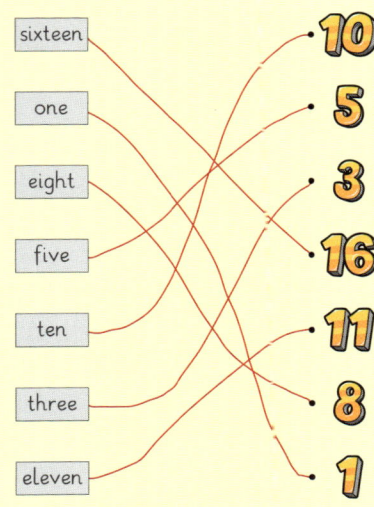

sixteen
one
eight
five
ten
three
eleven

10
5
3
16
11
8
1

Seite 5:

1. zwei – two
2. sechs – six
3. neun – nine
4. sieben – seven
5. vier – four
6. null – zero
7. zwölf – twelve
8. zwanzig – twenty

Seite 6:

ten	–	five	=	five
two	+	fifteen	=	seventeen
seven	+	six	=	thirteen
thirteen	–	nine	=	four
twenty	–	ten	=	ten
eight	+	zero	=	eight
eleven	+	eight	=	nineteen
one	+	sixteen	=	seventeen
fourteen	+	one	=	fifteen
three	+	two	=	five
twelve	–	eleven	=	one
five	+	five	=	ten

Seite 7:

7 + 2 =
9 + 2 =
18 – 4 =
1 + 8 =
2 + 2 =
10 + 4 =
4 + 16 =
8 – 8 =
20 – 6 =
7 + 1 =
13 – 5 =
18 – 14 =

twenty
nine
fourteen
zero
four
eleven
eight

Seite 10:

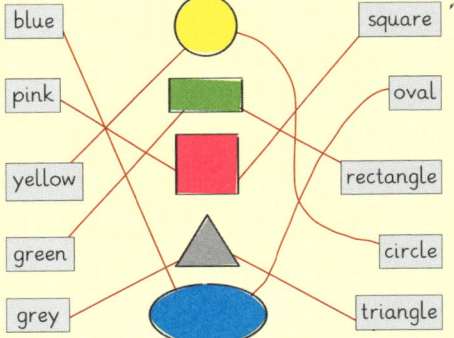

blue
pink
yellow
green
grey

square
oval
rectangle
circle
triangle

Seite 11:

three orange circles

six purple squares

eight black rectangles

five red triangles

Lösungen

Seite 12:

Seite 16:

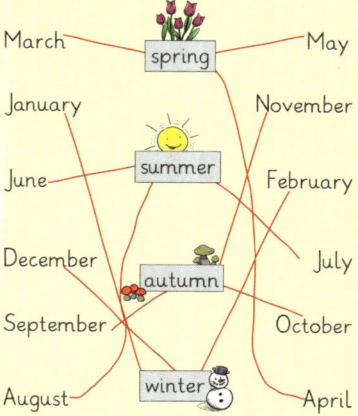

March — spring — May

January

November

June — summer — February

December — autumn — July

September — October

August — winter — April

Seite 17:

January | February | March | April
May | June | July | August | September
October | November | December

Seite 21:

noon

night

afternoon

morning

evening

Seite 13:

orange	circle
blue	square
pink	eight
red	triangle
green	two
black	nine

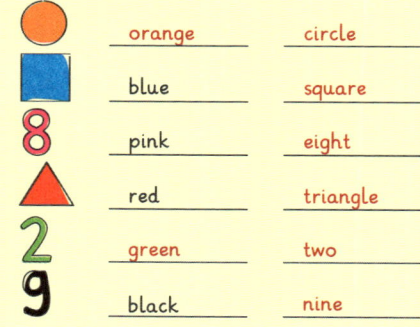

Seite 20, Übung 1:

Tuesday	Wednesday	Thursday
Friday	Saturday	Sunday
Sunday	Monday	Tuesday

Seite 20, Übung 2:

Friday + 2 days = Sunday

Monday + 3 days = Thursday

Wednesday + 1 day = Thursday

Saturday + 4 days = Wednesday

Thursday + 5 days = Tuesday

Seite 24 :

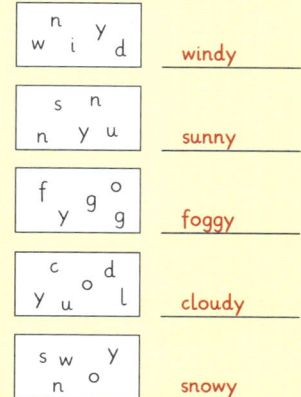

windy

sunny

foggy

cloudy

snowy

Seite 25:

Crossword with answers: hat, shirt, jumper, underpants, trousers, jacket, skirt, socks

Seite 28:

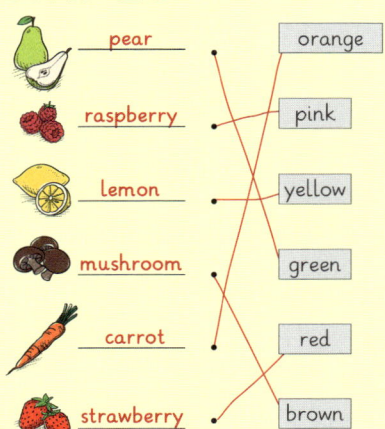

- pear
- raspberry
- lemon
- mushroom
- carrot
- strawberry

Colours:
- orange
- pink
- yellow
- green
- red
- brown

Seite 29:

 tea

 juice

 cocoa

Seite 32:

living room
- ☒ Sofa
- ☒ Sessel
- ☒ Fernseher
- ☐ Waschbecken
- ☒ Sofakissen

children's room
- ☒ Spielzeug
- ☐ Topf
- ☒ Bett
- ☐ Rasen
- ☐ Auto

kitchen
- ☒ Herd
- ☐ Bett
- ☒ Backofen
- ☒ Wasserkocher
- ☐ Spielzeug

bathroom
- ☒ Badewanne
- ☒ Toilette
- ☐ Sofa
- ☐ Fernseher
- ☒ Handtücher

Seite 33:

g e a a r g	garage
e l r l a c	cellar
b c o l n y a	balcony
c t t i a	attic
s i e a t a c s r	staircase

Seite 36:

Welches Körperteil brauchst du zum Laufen?	leg
Welches Körperteil brauchst du beim Malen?	hand
Mit welchem Körperteil zeigst du auf etwas?	finger
Mit welchem Körperteil siehst du?	eye
Mit welchem Körperteil sprichst du?	mouth

Lösungen

Seite 37:

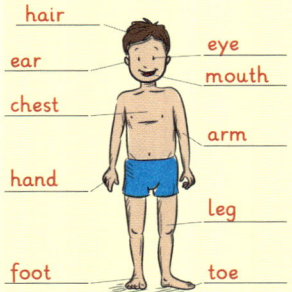

hair
ear
eye
mouth
chest
arm
hand
leg
foot
toe

Seite 41:

bee — dog — spider — ladybug — fish — sheep — bird — rabbit — butterfly — chicken — cat

Seite 40:

mother — Mutter
sister — Schwester
uncle — Onkel
father — Vater
cousin — Cousin
aunt — Tante
brother — Bruder

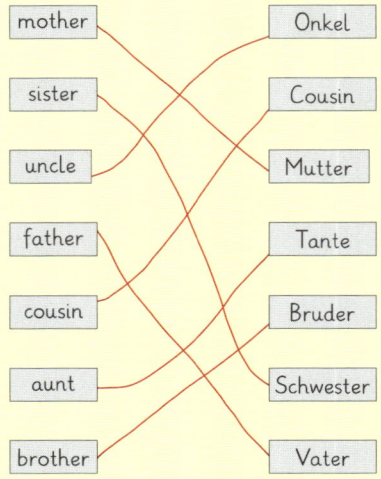

Seite 42:

1 2 3 4

Seite 43:

```
      w
  f   o   x
      o
f     l
l     y  e  l  l  o  w
c  o  w
w     h          l
r  e  c  t  a  n  g  l  e
r     t          t
s                t
         c  l  o  u  d
      p          c
15 f  i  f  t  e  e  n
      g
```

Seite 44:

```
O P M L S A T C D y X N Z
  S T R A W B E R R Y E M K
L V Q D R H A I E G A E   W
C A V y y Q B B S N U P   E
U U W B V D F O S J L K   D
R Z y U E A R T N T E M P O
L F O G G y   O T y C T y N
y O H K W A I O B L T O   E
Z R O O F S W M E I U P   S
O K P I R Z M J D K C Q I D
E K X M O T H E R A E E   A
I A M O L O A U O G V S y y
A P W J V N S R O K O y X
S P R I N G E X M A R C H
M L I K P U y L U E Z A G
R E D R L E I G H T J T A
```

Kleidung – clothes

Hose
trousers

Rock
skirt

Kleid
dress

kurze Hose
shorts

Unterhose
underpants

T-Shirt
T-shirt

Socken
socks

Pullover
jumper

Unterhemd
vest

Jacke
jacket

Hut
hat

Turnschuhe
trainers

Handschuhe
gloves

Baseballmütze
baseball cap

Stiefel
boots

Wollmütze
wooly hat

Schal
scarf

 Bringe die Buchstaben in die richtige Reihen-
folge und schreibe das Wort dahinter.

n   y
w   i   d

s   n
n   y   u

f   g   o
  y   g

c   d
  o
y   u   l

s   w   y
  n   o

Fülle das Kreuzworträtsel mit den englischen Vokabeln aus.

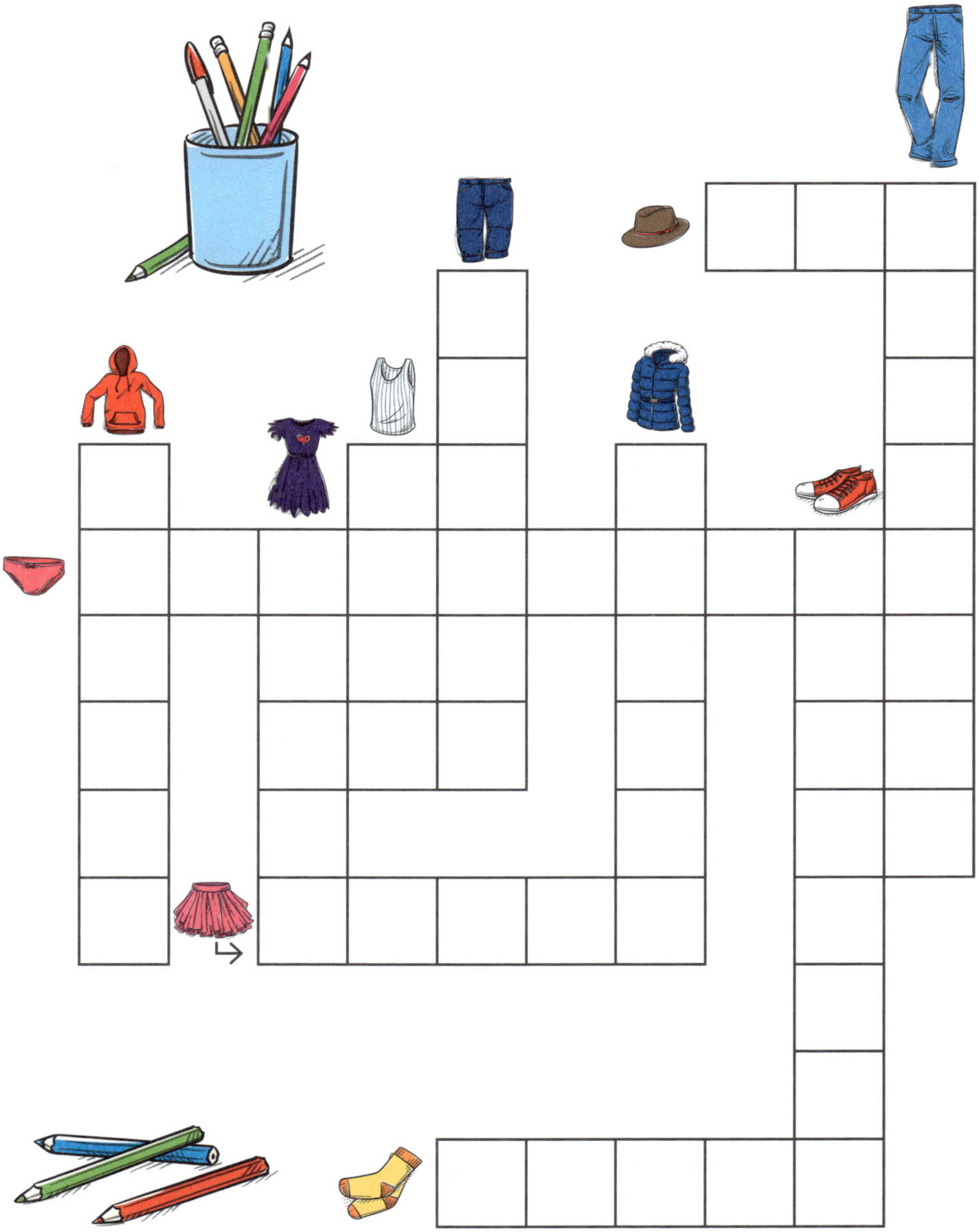

Essen und Trinken –

Obst – fruits

Erdbeere
strawberry

Himbeere
raspberry

Orange
orange

Apfel
apple

Banane
banane

Zitrone
lemon

Birne
pear

Gemüse – vegetables

Pilz
mushroom

Zwiebel
onion

Tomate
tomato

Karotte
carrot

Salat
lettuce

Paprika
pepper

Kartoffel
potato

food and drinks

Getränke — drinks

Kakao
cocoa

KAKAO

Wasser
water

Saft
juice

Milch
milk

Kaffee
coffee

Tee
tea

Geschirr und Besteck — dishes and cutlery

Gabel
fork

Löffel
spoon

Messer
knife

Schüssel
bowl

Glas
glass

Teller
plate

Tasse
cup

Schreibe das englische Wort für das Obst
oder Gemüse auf und verbinde es mit der
richtigen Farbe.

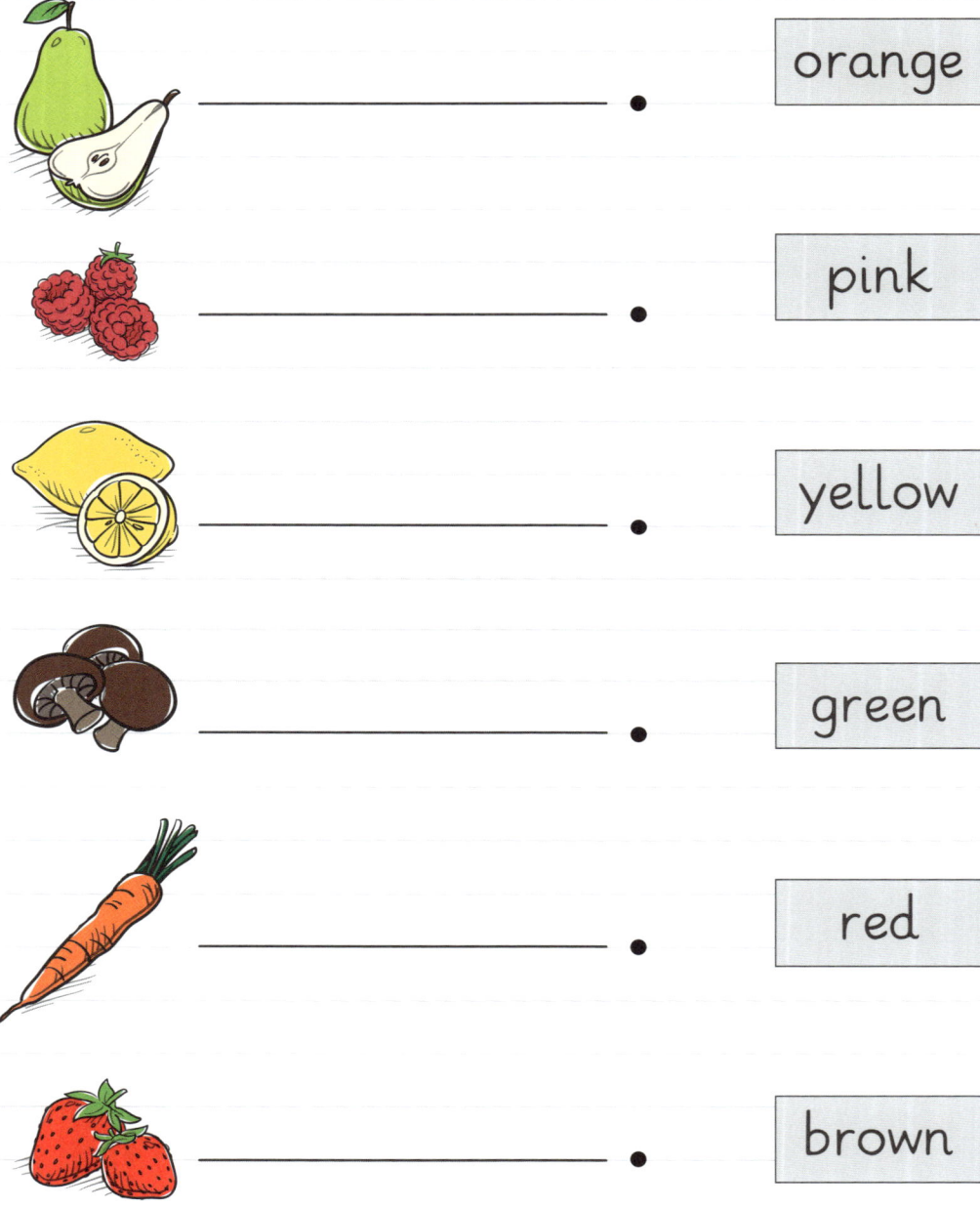

orange

pink

yellow

green

red

brown

Finde das Lieblingsgetränk der Monsterchen heraus und schreibe den englischen Namen auf die Linie darunter.

_____

_____

_____

Haus – house

Himmel
sky

Schornstein
chimney

Dachboden
attic

Blumen
flowers

Kinderzimmer
children's room

Schlafzimmer
bedroom

Balkon
balcony

Garage
garage

Badezimmer
bathroom

Küche
kitchen

Auto
car

Keller
cellar

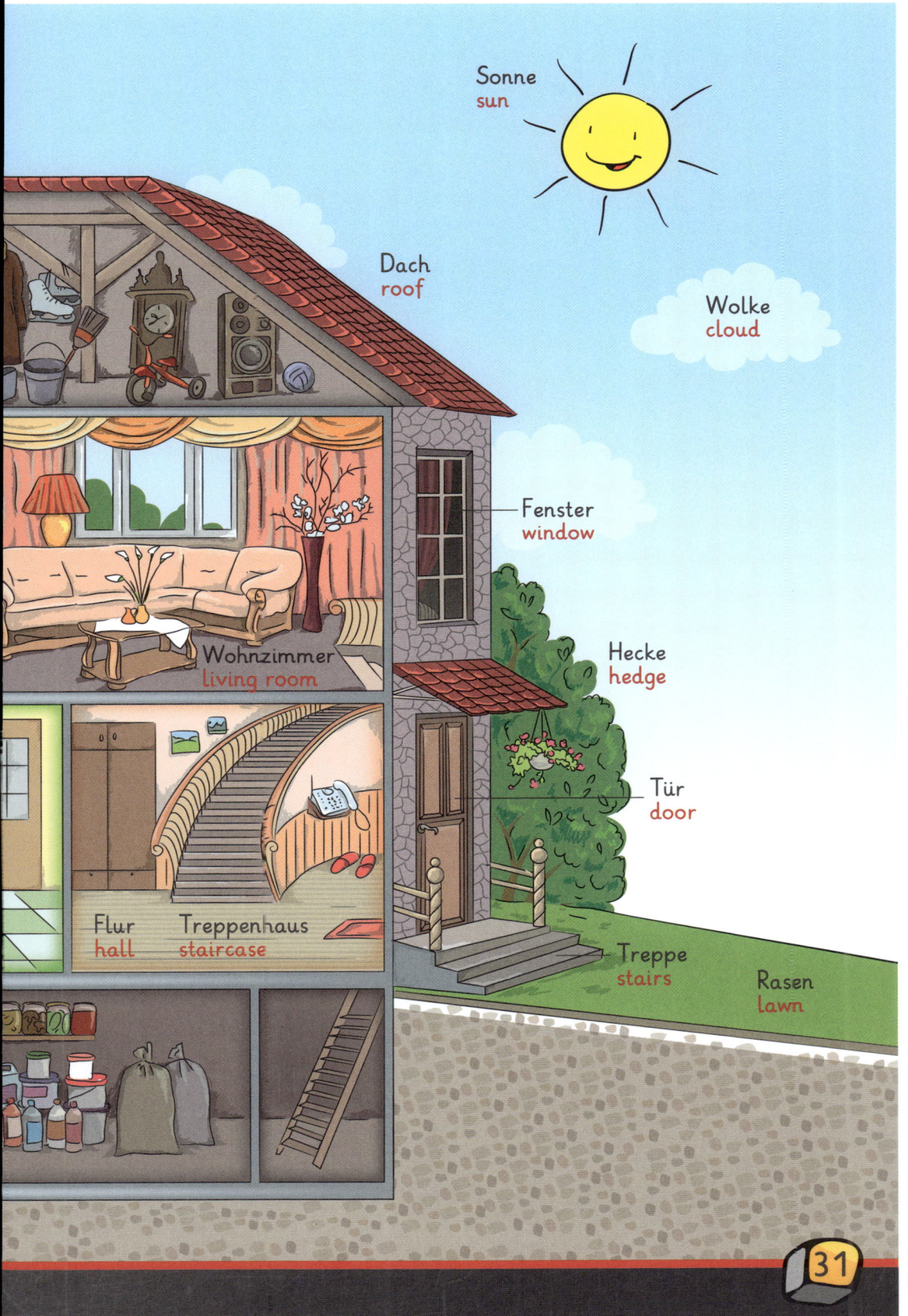

Sonne
sun

Wolke
cloud

Dach
roof

Fenster
window

Hecke
hedge

Wohnzimmer
living room

Tür
door

Flur
hall

Treppenhaus
staircase

Treppe
stairs

Rasen
lawn

31

Welche Gegenstände befinden sich in den Zimmern? Kreuze an.

living room

☐ Sofa

☐ Sessel

☐ Fernseher

☐ Waschbecken

☐ Sofakissen

kitchen

☐ Herd

☐ Bett

☐ Backofen

☐ Wasserkocher

☐ Spielzeug

children's room

☐ Spielzeug

☐ Topf

☐ Bett

☐ Rasen

☐ Auto

bathroom

☐ Badewanne

☐ Toilette

☐ Sofa

☐ Fernseher

☐ Handtücher

 Bringe die Buchstaben in die richtige Reihen-
folge und schreibe das Wort dahinter.

g e a
a r g

e l r
l a c

b c o
l n y a

c t
t i a

s i e a t
c
a s r

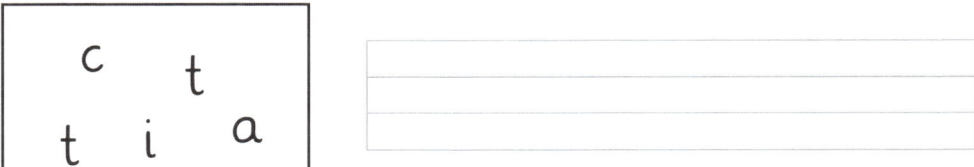

Körper – body

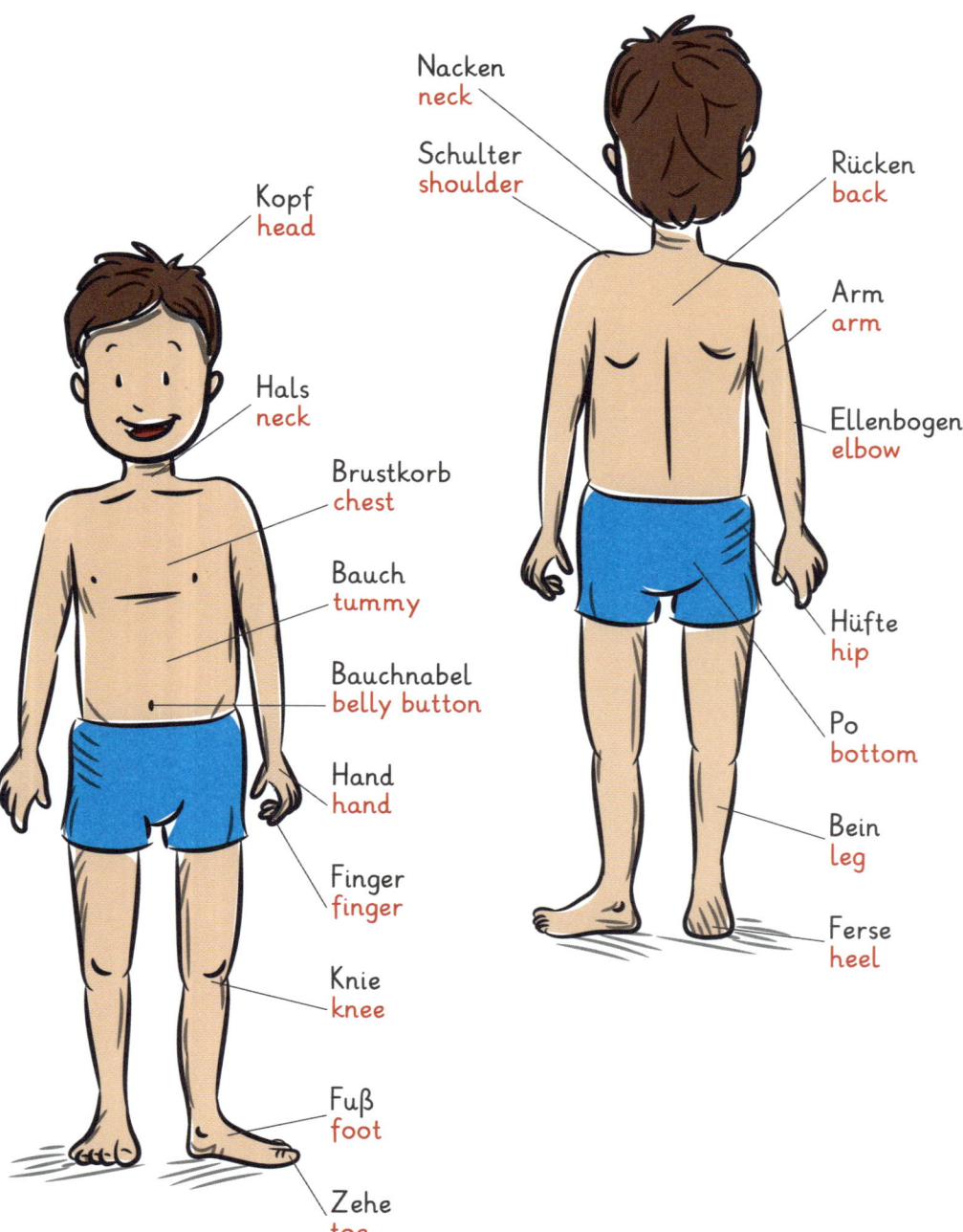

Kopf
head

Hals
neck

Brustkorb
chest

Bauch
tummy

Bauchnabel
belly button

Hand
hand

Finger
finger

Knie
knee

Fuß
foot

Zehe
toe

Nacken
neck

Schulter
shoulder

Rücken
back

Arm
arm

Ellenbogen
elbow

Hüfte
hip

Po
bottom

Bein
leg

Ferse
heel

Gesicht - face

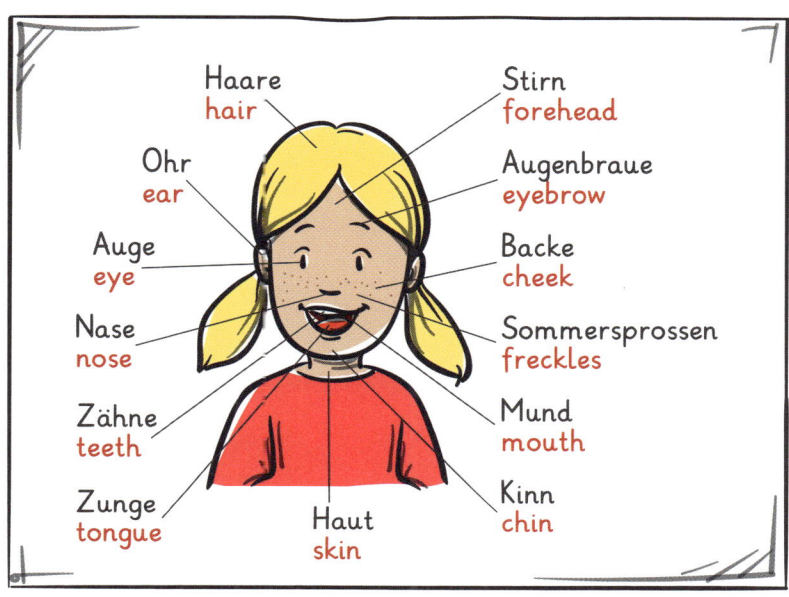

Haare	hair
Ohr	ear
Auge	eye
Nase	nose
Zähne	teeth
Zunge	tongue
Stirn	forehead
Augenbraue	eyebrow
Backe	cheek
Sommersprossen	freckles
Mund	mouth
Kinn	chin
Haut	skin

Haare - hair

German	English	German	English	German	English
blond	blonde	lang	long	Pony	fringe
braun	brown	kurz	short	Glatze	bald
schwarz	black	glatt	straight	Zopf	braid
rot	ginger	wellig	wavy		
grau	grey	lockig	curly		

Head, shoulders, knees and toes, knees and toes and eyes and ears, and mouth and nose ...

35

 Beantworte die Fragen und schreibe das englische Wort auf die Linie.

Welches Körperteil brauchst du zum Laufen?

_____

Welches Körperteil brauchst du beim Malen?

_____

Mit welchem Körperteil zeigst du auf etwas?

_____

Mit welchem Körperteil siehst du?

_____

Mit welchem Körperteil sprichst du?

_____

Ordne die Wörter dem richtigen Körperteil zu und schreibe das Wort auf Englisch auf die Linie.

Ohr | Mund | Brust | Zehe | Bein
Hand | Auge | Haare | Arm | Fuß

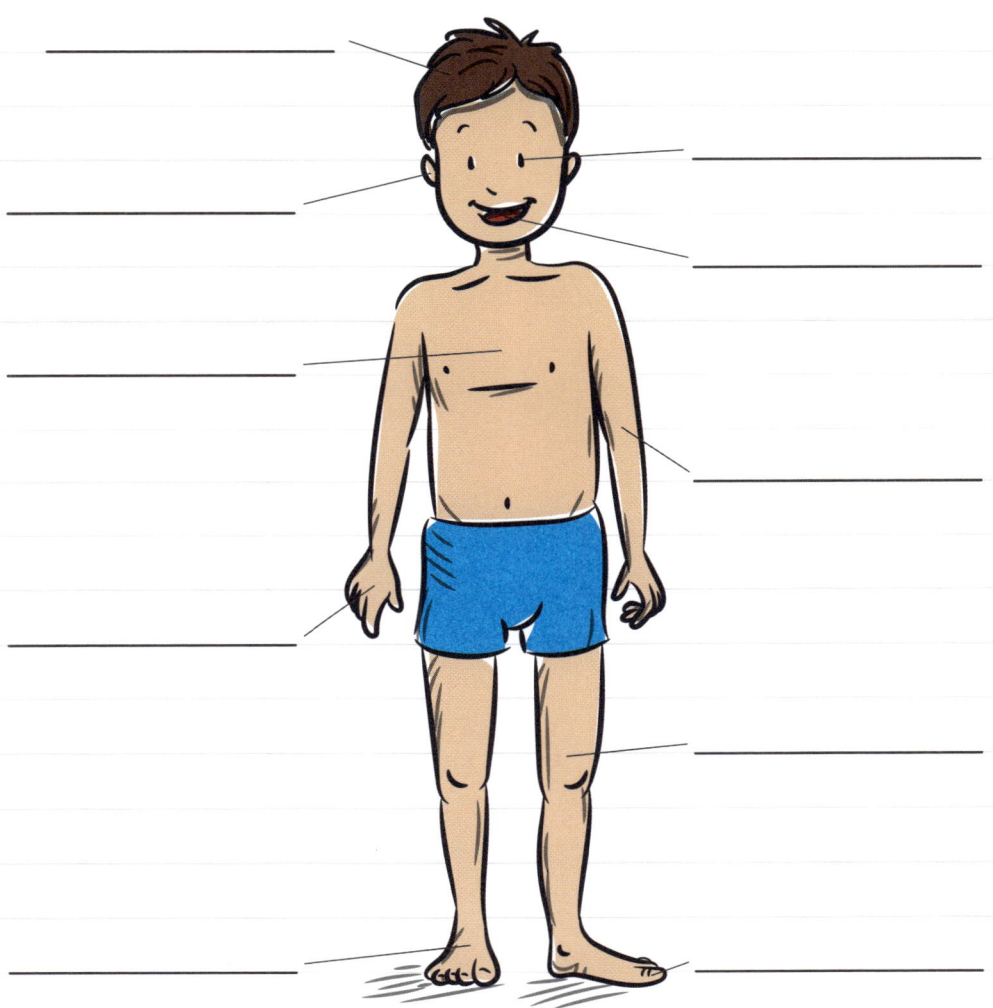

Familie – family

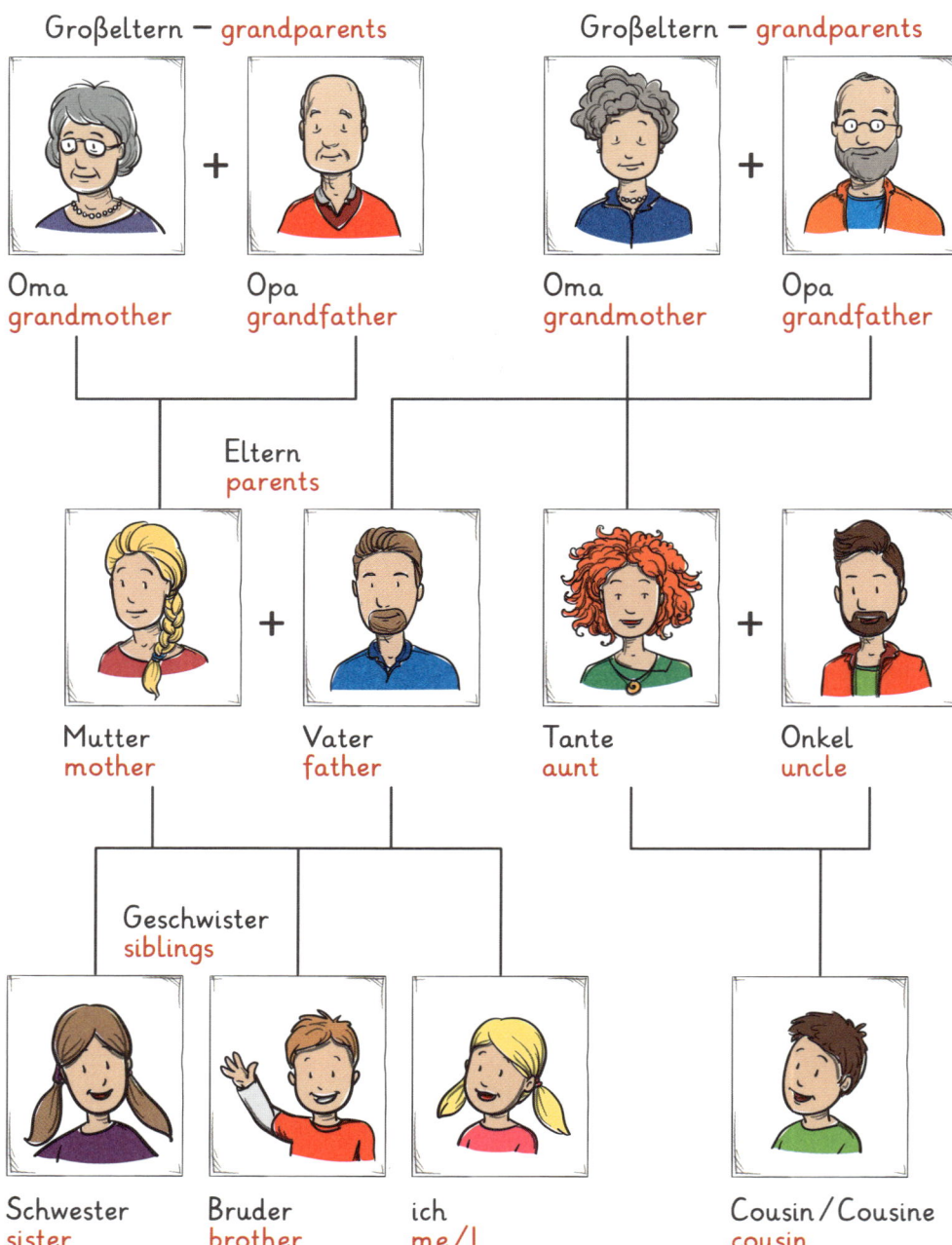

Großeltern – grandparents

Oma
grandmother

Opa
grandfather

Großeltern – grandparents

Oma
grandmother

Opa
grandfather

Eltern
parents

Mutter
mother

Vater
father

Tante
aunt

Onkel
uncle

Geschwister
siblings

Schwester
sister

Bruder
brother

ich
me/I

Cousin/Cousine
cousin

Tiere – animals

Katze
cat

Hund
dog

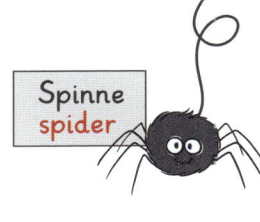
Spinne
spider

Vogel
bird

Maus
mouse

Kaninchen
rabbit

Fisch
fish

Schaf
sheep

Biene
bee

Igel
hedgehog

Schwein
pig

Huhn
chicken

Kuh
cow

Fuchs
fox

Marienkäfer
ladybug

Schmetterling
butterfly

Verbinde die deutschen Wörter mit dem richtigen englischen Wort.

mother	Onkel
sister	Cousin
uncle	Mutter
father	Tante
cousin	Bruder
aunt	Schwester
brother	Vater

Übersetze und umkreise die Tiere, die fliegen können, rot, die Tiere, die mit einem „c" beginnen, blau und die Tiere, die mit einem „s" beginnen, grün.

 Frisiere die Köpfe so, wie im Text unter den Bildern beschrieben.

1

Two blonde braids,
a fringe.
Pink T-shirt.

2

Long ginger, curly
hair. Blue T-shirt.

3

Short, brown, wavy
hair. Green T-shirt.

4

Long black, straight
hair, a fringe.
Purple T-shirt.

Fülle das Kreuzworträtsel mit den englischen Vokabeln aus.

Finde die Wörter und umkreise sie.

```
O P M L S A T C D Y X N Z
S T R A W B E R R Y E M K
L V Q D R H A I E G A E W
C A V Y Y Q B B S N U P E
U U W B V D F O S J L K D
R Z Y U E A R T N T E M N
L F O G G Y O T Y C T P E
Y O H K W A I O B L T O S
Z R O O F S W M E I U Y D
O K P I R Z M J D K C Q A
E K X M O T H E R A E I Y
I A M O L O A U O G V S Y
A P W J V N S R O K O Y X
S P R I N G E X M A R C H
M L I K P U Y L U E Z A G
R E D R L E I G H T J T A
```

ladybug | strawberry | curly | dress | tea | apple | foggy
fork | wednesday | roof | bedroom | march | red | mother
tongue | eight | lettuce | spring | cat | bottom